Engel
breiten ihre Flügel aus

Botschaften aus dem Licht

Christa Legat
Gestaltung: Lisa Findl

Schirner Verlag

Impressum

ISBN 978-3-89767-327-4

Erste Auflage

Umschlag, Gestaltung & Illustration: Lisa Findl, www.lisaundgiorgio.at
Herstellung: Lindendruck, Hannover

Printed in Germany

Schirner Verlag KG • Zerninstraße 7 • D-64297 Darmstadt
www.schirner.com

Die Autorin

Christa Legat, geboren 1953, war rund 25 Jahre erfolgreich in vielen Funktionen in der Modebranche tätig. Damals schon hatten die Farben und ihre psychologische Wirkung eine große Bedeutung für sie, und das blieb auch auf ihrem weiteren Weg so. Heute, als Lebens-Glücks-Coach und Aura-Soma®-Farbberaterin begleitet sie Menschen und führt sie zu deren ganz persönlicher Lebensfreude, zu mehr Glück, Gesundheit und Wohlbefinden.
(www.farbenentfaltenleben.at)

Das Buch

Liebevolle Botschaften von 24 Engeln zu den Themen Heilung, Dankbarkeit, Ausdauer, Toleranz, Vertrauen, Freundschaft und anderen mehr. Die Wortessenzen und Schlüsselfragen der Engel wirken wie ein Weckruf und führen Sie direkt in Ihr Herz.

Prolog

Wärme und Geborgenheit durchfluten unser Herz, wenn wir an Engel denken. Nicht nur in unserer Kultur glaubt man, dass jedem Menschen von der geistigen Welt ein persönlicher Schutzengel zugewiesen wird. Dieser Gedanke ist sehr tröstlich und wärmend, brauchen wir doch alle in den unterschiedlichsten Situationen Schutz und das Gefühl von Sicherheit.

Engel sind Botschafter des Lichts und der Schöpfung Gottes. Sie sind verbunden mit unserer Sehnsucht nach einer tieferen Wahrheit: dass unser Leben einen Sinn hat und wir Glück und Freude erleben dürfen.

Die Engel begleiten uns auf unserem Weg und erinnern uns an unseren wahren Kern. Sie zeigen uns, wie wir mit bestimmten Einstellungen unser Leben selbst in die Hand nehmen und gestalten können. Die Engel respektieren allerdings, so wie alle Wesen aus der geistigen Welt, immer den freien Willen des Menschen und helfen daher nur, wenn wir sie darum bitten.

Lass dich inspirieren von dem Engel, der dich unmittelbar anspricht und der dir momentan guttut. Wenn du dich eine Weile von ihm begleiten lässt, wirst du merken, dass in dir etwas Neues zu erblühen beginnt.

Der Engel der Achtsamkeit

Das wahre Leben findet nur im gegenwärtigen Augenblick statt.

Wie oft sind wir in Gedanken irgendwo anders, nur nicht im JETZT, bei dem, was wir gerade tun. Während wir mit jemandem reden, denken wir an das, was wir noch einkaufen müssen. Während wir ein Buch lesen, fällt uns ein, dass wir etwas im Büro vergessen haben, wen wir noch anrufen wollten oder Ähnliches.

Der Verstand ist wie ein Karussell, das sich ständig dreht. Wir können es innerlich anhalten und uns mit einem Atemzug auf uns selbst besinnen, uns wieder spüren, die Achtsamkeit auf den Augenblick lenken. Je mehr wir diese Gegenwärtigkeit üben, desto leichter erleben wir innere Ausgeglichenheit und Balance.

Achtsam sein heißt, die eigenen Sehnsüchte zu spüren, auf die eigenen Bedürfnisse und Gefühle zu achten: Lebe ich so, wie es mich freut und mir entspricht?

Nur wenn wir uns Zeit nehmen, können wir bewusst wahrnehmen, ob das, was wir tun und was uns umgibt, unser Wohlbefinden und unsere Freude fördert. Denn wenn ich in meiner Mitte bin, kann ich auch für andere da sein.

Wahre Aufmerksamkeit lässt uns die Stille eines Waldes genießen, die duftende Rose in ihrer gesamten Farbenfülle betrachten, den glitzernden Tautropfen auf einem Grashalm bewundern. Wir nehmen die Schönheit und Kreativität der Schöpfung mit allen Sinnen wahr und können den Moment in seiner vollen Pracht genießen.

Der Engel der Achtsamkeit lädt dich ein, dich ganz bewusst zu entscheiden für ein Leben voll Lebendigkeit und Präsenz.

Ganz da sein – in jeder Umarmung, in jedem Lächeln, in jedem Gespräch. Dann werden die Vollkommenheit des Seins, Intensität und Erfüllung dein Leben reicher machen.

- Wem oder was wirst du jetzt deine volle Achtsamkeit schenken?
- Wie wird sich dein Leben dadurch verändern?
- Was wird komplett anders und neu sein?

Der Engel der Heilung

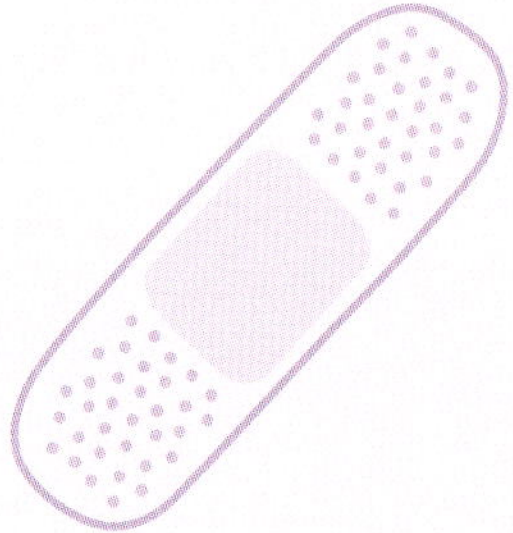

Heil sein bedeutet ganz sein, vollständig, gesund und glücklich.

Wie überall in der Natur, gibt es in uns eine enorme Intelligenz, die mit einer präzisen Perfektion alle Funktionen unseres Körpers steuert. Unser Wesenskern ist immer intakt und heil, auch wenn wir dies nicht wahrnehmen oder verstehen können.

Wir alle verfügen über erstaunliche Selbstheilungskräfte, die wir nicht wirklich erklären können, und doch weiß unser Körper genau, wo eine Wunde geheilt werden soll. Wenn wir uns verbrennen oder das Knie aufschlagen, schickt der Körper alle verfügbaren Kräfte der Heilung genau dorthin. Wir sind ein Wunder der Schöpfung.

Viele Krankheiten sind ein Zeichen unserer Seele, dass wir von unserem Weg abgekommen und nicht mehr im Einklang mit dem Fluss des Lebens sind.

Wir haben verlernt, in uns hineinzuhören, die innere Stimme wahrzunehmen und die Anzeichen rechtzeitig zu erkennen, dass wir uns nicht wohlfühlen. Wir tun oft Dinge, die wir nicht wollen, oder wir bringen uns nicht so zum Ausdruck, wie es uns entsprechen würde.

Jeder von uns ist unzählige Male verletzt worden, ob emotional oder körperlich. Schmerz und Leid gehören zu unserem Menschsein. Aber alle Wunden können wieder heilen, wenn wir sie nicht verdrängen, sondern uns ihnen liebevoll zuwenden und zuhören, was sie uns mitteilen wollen.

Der Engel der Heilung lässt dich erkennen, welche Dinge dein Herz berühren und was du verändern kannst, um wieder ganz zur Freude zu finden.

Er sendet dir Liebe, Zuwendung und Akzeptanz, damit deine inneren und äußeren Wunden heilen können und du wieder gesund und glücklich sein kannst.

- Was möchtest du jetzt ganz in dir heilen lassen?
- Was braucht es, damit du heil wirst auf allen Ebenen?
- Was wird deine vollkommene Heilung für dich und deine Umgebung bewirken?

Der Engel der Langsamkeit

Der Engel der Langsamkeit lädt dich ein, den Geschmack des Lebens voll und ganz zu genießen.

Viele Menschen rennen Tag für Tag gehetzt durch ihr Leben und nehmen sich keine Zeit, etwas in Ruhe zu erledigen. Manche haben auch das Gefühl, sich in einem ständig drehenden Hamsterrad zu befinden.

Am Ende eines Tages haben sie dann zwar viel getan, aber es stellt sich keine Erfüllung ein.

Wer oder was hetzt uns denn so, dass wir glauben, das Leben im Laufschritt absolvieren zu müssen, und wofür tun wir das? Oft ist das der Leistungsdruck, alles gleich-

zeitig und möglichst perfekt machen zu müssen. Oder wir wollen bestimmte Ziele erreichen, die gar nicht unsere eigenen sind, nur um irgendwelchen Idealen zu entsprechen.
Dabei vergessen wir oft das Da-Sein im JETZT – dem Einzigen, was existiert.

Der Engel der Langsamkeit lässt dich deine inneren Programme durchschauen und zeigt dir, dass es immer Möglichkeiten gibt, dich aus der Hektik auszuklinken, den Ballast abzuwerfen, den Druck herauszunehmen.

Er hilft dir, wieder innezuhalten und dich selbst und deine Umgebung bewusst wahrzunehmen: in die Natur einzutauchen, den Wellen zuzusehen, Kinder und Tiere zu beobachten und das Leben einfach zu genießen.

Der Engel der Langsamkeit eröffnet dir einen Raum für neue Fantasien, wie sich dein eigenes Leben entwickeln möchte für mehr Freude, Liebe und Gesundheit.

So kannst du mit der Zeit erkennen, was dir in deinem Leben wirklich wichtig ist, und deine Individualität immer mehr entfalten.

- Wobei möchtest du einmal mit Bedacht innehalten?
- Was wirst du ab jetzt ganz bewusst genießen?
- In welchem deiner Lebensbereiche wird sich das besonders auswirken?

Der Engel der Freude

Freude ist der Herzschlag des Universums.

Freude ist mehr als ein Gefühl, es ist ein Bewusst-Seins-Zustand. Freude ist die Sprache unseres Herzens, die uns ganz tief in unserem Wesen berührt. Oft stecken wir so sehr in der Normalität des Alltags, dass sich unser Blick verschleiert und wir die Freude nicht mehr wahrnehmen.

In unserer Kultur haben viele gelernt, sich zu beklagen über das, was fehlt oder was anders sein sollte. Doch es ist immer unsere ureigene Entscheidung, worauf wir unsere Aufmerksamkeit lenken.

Der Engel der Freude hilft uns, den Sand aus unseren Augen zu wischen. Er macht unseren Blick klar und wendet ihn hin zu der Schönheit, die jedem Augenblick innewohnt. Wir können wählen und jederzeit die vielen kleinen und großen Wunder in unserem Leben genießen. Wir können die vielen Köstlichkeiten dieser Welt freudig und mit offenem Herzen annehmen, um unseren Himmel auf Erden zu leben und glücklich zu sein!

Das, worüber wir uns freuen, ist das, was unserem innersten Wesen entspricht. Freude gibt uns die Energie, unsere Ziele zu erreichen, und macht uns zu einem Magneten, sodass wir mehr von dem in unser Leben ziehen, was wir wirklich wollen.

Möge der Engel der Freude dir ein Wegweiser sein, die Fülle und den Zauber des Lebens zu entdecken.

Nimm dir einen Augenblick Zeit, und erinnere dich an etwas, was dir Freude gemacht hat - eine Begegnung, ein Geschenk oder ein Erlebnis in der Natur.

Spür diese Freude, spür sie ganz tief in deinem Herzen, in deinem Gesicht, in deinem ganzen Körper.

Erzähle allen von deinen Glücksmomenten im Leben!

Freust du dich über das, was dir gelingt? Siehst du deine wunderbaren Fähigkeiten und Talente? Kannst du einen Sonnenaufgang mit jubelndem Herzen begrüßen?

- Bist du bereit, in jedem Augenblick Liebe und Freude wahrzunehmen?
- Bist du bereit, dich hemmungslos auf den Tanz des Lebens einzulassen?
- Bist du bereit, dich zu öffnen und dich deiner tiefsten Freude hinzugeben?

Der Engel des Muts

Mutig sein heißt, voranzuschreiten trotz Angst.

Kinder stürzen sich meist hemmungslos in die Aktion, sie wollen sich erfahren und wachsen. Mut ist Tatkraft, gepaart mit Abenteuerlust, und eine starke Antriebsenergie. Wir haben allerdings so oft gehört, was man alles nicht tun kann oder darf, dass wir uns meistens nicht trauen, diesem Pioniergeist in uns zu folgen. Wir passen uns an und sind brav, so wie wir es schon in der Schule und in unserer Familie gelernt haben. Wir haben oft Angst, abgelehnt zu werden, wenn wir unseren eigenen Wünschen und Sehnsüchten folgen, statt den Vorstellungen und Erwartungen anderer zu entsprechen.

Es erfordert Mut, zu sich zu stehen und den eigenen Weg zu gehen – manchmal gegen den Willen von Familie oder Freunden.

Sich selbt zu folgen, dazu muss man sich mutig loslösen von Werten und Idealen, die oft nicht die eigenen sind. Wir riskieren Unverständnis und Kritik und müssen mit der Angst klarkommen, etwas falsch zu machen. Ebenso braucht es Mut, seine Meinung zu äußern, ohne rechthaberisch sein zu wollen. Mut ist notwendig, will man ein klärendes Gespräch führen oder ein Problem anpacken, das man bis jetzt vor sich hergeschoben hat.

Bitte den Engel des Muts, dass er dir zeigt, wie du heraustreten kannst aus dem Schatten der anderen, um deine volle Lebendigkeit zu leben und deine Träume aktiv zu verwirklichen.

So kann sich deine Seele entfalten und der Erfüllung ihrer Bestimmung näherkommen. Dann schmeckt das Leben plötzlich nach mehr!

Der Engel des Muts stärkt diese immense Antriebskraft in dir und hilft dir, hinauszugehen in die Welt und Neues zu wagen.

- Was möchtest du jetzt mutig anpacken?
- Hast du den Mut, deinen eigenen Weg zu erkennen und zu gehen?
- Was wird sich verändern, wenn du jetzt beherzt diese Entscheidung triffst?

Der Engel der Dankbarkeit

Dankbarkeit öffnet dein Herz für die Schönheit des Lebens.

Viele Menschen denken häufig an das, was ihnen fehlt - ein tolles Auto, ein Partner, eine Wohnung, viel Geld oder Ähnliches. Aber auch wenn kleine Dinge fehlen, wie der Kaffee im Haus, sind wir oft verärgert. Trotz eines enormen Wohlstands, den wir alle erreicht haben, kreisen unsere Gedanken häufig um den Mangel.

Dankbarkeit ist ein kraftvolles Tor, das wir öffnen können, um die Schönheiten des Universums in unser Leben einzuladen und sie bewusst anzunehmen. Wir können in allem die göttliche Präsenz wahrnehmen: in jedem Baum, in jedem Vogel, im Sonnenaufgang und im Sonnenuntergang, im Lächeln eines Kindes, in unseren Tränen, in den Menschen, die uns begleiten, und in unserer Einzigartigkeit.

Dankbarkeit ist die tiefe Freude in uns, wenn wir zu allem, was ist, „Ja!“ sagen, weil wir wissen, dass alles in unserem Leben eine Bedeutung hat und wir daraus lernen können.

Dankbarkeit bereichert unser Leben und bringt uns Begeisterung und neue Energie.

Wenn wir Dankbarkeit üben, vertreiben wir die Schatten des Mangels aus unseren Gedanken und Gefühlen. Wir beginnen eine lichtvolle Botschaft auszusenden, die uns und andere nährt und stärkt. Dankbarkeit ist ein mächtiger und kraftvoller Prozess, der uns hilft, unsere Wünsche Wirklichkeit werden zu lassen.

Der Engel der Dankbarkeit richtet deinen Blick auf die Fülle, damit du mehr davon in dein Leben bringen kannst.

Er lässt dein Herz weich und weit werden, und du kannst spüren, wie es dir mit jedem Atemzug besser geht und dein Leben reich und erfüllt wird.

- Wofür in deinem Leben bist du zutiefst dankbar?
- Wem möchtest du jetzt besonders danken?
- Wie wird diese Dankbarkeit dein Leben bereichern?

Ein besonderer Dank

An dieser Stelle danke ich ganz besonders meinen Freunden, die für mich wie Engel waren, weil sie mich dabei unterstützten, dieses Buch Wirklichkeit werden zu lassen. Allen voran Ulrike, die mich schubste, bis ich die Engel endlich aus der Schublade holte und dafür sorgte, dass sie nun ihre lichtvollen Botschaften verbreiten können.
Einen herzlichen Dank an Lisa, die mit viel Spaß und Freude die Engel grafisch umsetzte, an Nina und Joana, die mir Mut machten, dranzubleiben und mich mit ihren wertvollen Anregungen beflügelten – und natürlich an alle, die mich aufmunternd begleiteten.

Christa

Der Engel
der Offenheit

Offen sein heißt,
ja zu sagen zu sich selbst
und zu anderen Menschen.

Es gibt Situationen, da würden wir uns gern verstecken, vielleicht weil wir glauben, einen Fehler gemacht zu haben, oder das Gefühl haben, nicht gut genug zu sein. Wir wollen bestimmten Idealen entsprechen, machen uns klein und stehen nicht zu uns. Aus lauter Angst vor Verletzung und Ablehnung legen wir einen Schutzpanzer an. Wir merken gar nicht, dass wir uns dadurch von unseren Gefühlen abschneiden, unseren Energiefluss blockieren und Distanz zu anderen erzeugen.

Wir können aber lernen, unsere Schmerzen und Verletzungen als wertvolle Erfahrung anzunehmen, denn es geht letztlich immer um das Wachstum unserer Seele.

Wenn wir anderen gegenüber unser Herz öffnen, erkennen wir, dass wir uns alle ähnlich sind in unseren Ängsten, Befürchtungen, aber auch in unserer Sehnsucht nach Liebe.

Wir können beginnen, unsere Wünsche und Sehnsüchte offen zu äußern – ohne die Erwartung, dass sie unbedingt erfüllt werden müssen, und ohne die anderen zu verletzen. Wir können hinter unserer Maske unser göttliches Wesen in seiner Ganzheit erkennen.

Der Engel der Offenheit hilft dir, das Herz zu öffnen wie eine Blüte, die sich vertrauensvoll dem Himmel entgegenstreckt, um das göttliche Licht und Nahrung zu empfangen.

Er stärkt deine Bereitschaft, dich zu öffnen für das Neue, für all die neuen Möglichkeiten, die dir täglich geschenkt werden. Er möchte dich ermuntern, dich neuen Herausforderungen zu stellen und neue Ideen in dich einfließen zu lassen.

- Wem oder was möchtest du ab heute mit neuer Offenheit begegnen?
- Welchen Herzensangelegenheiten willst du dich bewusst öffnen?
- Was wird dir dadurch gelingen? Was wird dadurch neu und einzigartig?

Der Engel der Geduld

Geduld ist die Kunst, darauf zu vertrauen, dass die Dinge zur rechten Zeit geschehen.

Jeder kennt wohl das Gefühl, nicht warten zu können, dass sich etwas weiterentwickelt. Wie ein Pferd mit den Hufen scharren wir mit den Füßen, als ob wir die Dinge dadurch vorantreiben könnten. Unsere Geduld wird auf eine harte Probe gestellt.

Tatsächlich ist Geduld ein zartes Gespinst, oft vom Zerreißen bedroht, aber auch sehr elastisch. In unserem Machbarkeitswahn sind wir es so sehr gewohnt, immer etwas zu tun, dass es uns schwerfällt, abzuwarten und auszuharren.

Den Druck, etwas innerhalb einer bestimmten Zeit erreichen zu wollen, erlegt sich jeder stets selbst auf. Damit jedoch unterbrechen wir den Kontakt zu unserem inneren Wesen und zum Vertrauen in die größeren Zusammenhänge. Alles ist richtig, wie es gerade ist. Doch wir fühlen uns als Opfer und sind im Mangeldenken gefangen. Ungeduld raubt uns Energie, denn wir sind dann im Widerstand zu dem, was ist.

Bitte den Engel der Geduld, dich anzuleiten, wie du mit Leichtigkeit eintauchen kannst in die Wellenbewegungen der Zeit, ohne dagegen anzukämpfen.

Geduld birgt die innere Stärke und Gelassenheit, auf den richtigen Moment warten zu können.

Alles im Universum entwickelt sich in bestimmten Rhythmen. Es braucht einfach seine Zeit, bis eine Blume sich entfaltet. Auch das Gras wächst nicht schneller, wenn man daran zieht!
Unser wahres Wesen können wir nur leben, wenn wir uns nicht verzetteln, uns nicht unter Druck setzen lassen, sondern einfach mitfließen mit den Zyklen des Lebens.

Möge der Engel der Geduld dir Ruhe und Kraft geben, dir Zeit zu nehmen für dein inneres und äußeres Wachstum. Im Vertrauen darauf, dass sich alles im rechten Moment entfaltet.

- Was erfordert zurzeit deine größte Geduld?
- Wem oder was gegenüber möchtest du geduldig und verständnisvoll sein?
- Wie wird das dein Leben zutiefst verändern?

Der Engel der Klarheit

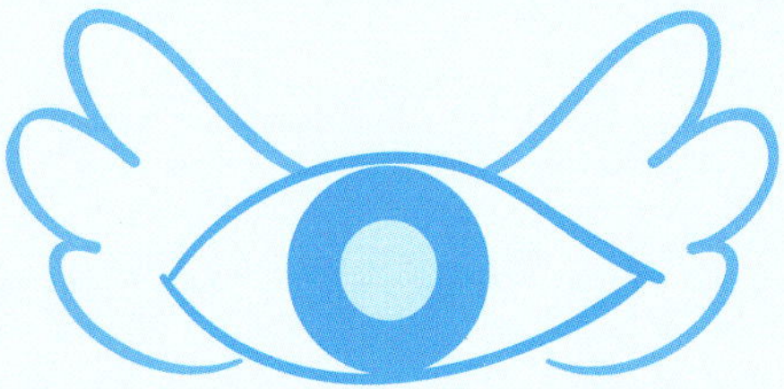

Sieh dir selbst auf den Grund wie einem klaren Gebirgsbach.

Manchmal sind wir uns nicht sicher, in welche Richtung wir in unserem Leben weitergehen wollen oder welche Entscheidung die „richtige“ für uns ist. Es ist, als ob Gedanken und Gefühle wie durch eine Nebelwand verschleiert wären. Es gibt so viele Möglichkeiten, die uns zur Verfügung stehen, dass wir manchmal sehr verwirrt sind und „den Wald vor lauter Bäumen nicht sehen“.

Dann ist es Zeit für dich, dir klar zu werden darüber, was dir in deinem Leben so viel Freude bringt, dass du dich wohlfühlst und im Einklang mit deiner Bestimmung bist. In welcher Stimmung und mit welchen Gefühlen willst du durchs Leben gehen? Worauf achtest du, und was ist dir wirklich wichtig in deiner Partnerschaft, im Beruf, in deiner Freizeit, in deiner Umgebung?

Du kannst den Engel der Klarheit bitten, dir klare Sicht zu verschaffen, damit du als Kapitän deines Schiffes auf die Verwirklichung deiner Lebensträume zusteuern kannst.

Dieser Engel unterstützt dich dabei, dich von Ängsten und Vorstellungen zu lösen, die dir jetzt nicht mehr dienlich sind. Er hilft dir, deine Wünsche und Sehnsüchte klar auszudrücken, damit sie in Erfüllung gehen können. Er bringt dir Erkenntnisse und neue Einsichten, sodass du dich selbst immer besser verstehen lernst.

Er ist wie der Wind, der die Wolken aus deinen Gedanken bläst, um dir den klaren Himmel zu zeigen. Wie nach einem reinigenden Gewitter liegt auf einmal die Lösung für ein Problem ganz klar vor dir.

Klarheit bringt dich in Kontakt mit deinem inneren Licht. So kannst du dich in Freude und Balance darauf ausrichten, wie du dein Leben gestalten willst.

- In welchen Lebenssituationen wünschst du dir mehr Klarheit?
- Worauf willst du dich jetzt klar ausrichten?
- Was wirst du durch diese neue Klarheit entdecken?

Der Engel der Gelassenheit

Gelassenheit hat viel mit Loslassen zu tun.

Wir leben in einer sehr komplexen und vielschichtigen Zeit und glauben oft, drei Dinge gleichzeitig erledigen zu müssen. Vor lauter Stress kann es dann auch vorkommen, dass wir unseren Kollegen, unseren Partner oder unsere Kinder anfauchen. Oder wir gehen lieblos mit ihnen um, weil uns nichts schnell genug geht. Aber was ist das für eine Lebensqualität, wenn für uns alles zu einem Wettlauf mit der Zeit wird und wir uns und unsere Liebsten so behandeln?

Es ist wichtig, dass wir erkennen: Allein wir selbst haben die Macht über uns und unser Tun. „Weniger ist mehr" sagt ein altes Sprichwort. Wir können uns bewusst entscheiden, herauszutreten aus der Betriebsamkeit, eine neue, gelassene Perspektive einzunehmen und alte Standpunkte loszulassen.

Wenn wir uns mehr auf das konzentrieren, was wir wollen, und weniger auf das, was wir sollen, wird unser Leben lebendig und froh.

Durch unser Leistungsdenken sind wir ständig dabei, etwas zu tun. Wenn wir Dinge einfach geschehen lassen und mit dem Strom schwimmen, erfahren wir eine neue Leichtigkeit.

Gib dir selbst mehr Spielraum, und lade die Gelassenheit in dein Leben ein. Du kannst immer einen Schritt zurücktreten und schauen, was jetzt wirklich wichtig ist.

Der Engel der Gelassenheit schenkt dir Vertrauen in eine höhere Führung und in den göttlichen Fluss des Geschehens.

Gelassenheit bringt dir wohltuende Entspannung und zaubert wieder ein Lächeln in dein Gesicht.

- Welche Dinge oder Vorstellungen entscheidest du dich jetzt loszulassen?
- Wie kannst du mehr auf die Stimme deines Herzens hören?
- Was wirst du tun, um mehr Gelassenheit zu leben und auszustrahlen?

Der Engel
der Heiterkeit

Beginne jeden Tag
mit einem Lächeln,
dann lächelt er sicher zurück.

Ein Lächeln sagt mehr als tausend Worte, und Humor ist die beste Medizin. Menschen, die viel lachen, sind gesund und haben meist viel Freude im Leben. Ein heiterer Mensch nimmt das Leben leicht, er sieht es wie einen schwungvollen Tanz auf der Bühne des Lebens.

Manchmal gibt es dunkle Wolken in unseren Gedanken und in unserem Herzen. Dann vergessen wir, dass über der Wolkendecke die Sonne nach wie vor scheint. Ein heiterer Mensch erlebt auch Höhen und Tiefen, aber er findet immer wieder Wege, den Sorgen keine Macht und Energie zu geben.

Bitte den Engel der Heiterkeit, Licht in deine Gedanken und Gefühle einzulassen und dich daran zu erinnern, dass es immer auch die Sonnenseite im Leben gibt.

Der Engel hilft dir, übertriebenen Ernst, belastende Ängste und überholte Gedankenmuster loszulassen. Er macht dir Mut, die dunklen Bereiche auszuleuchten, damit du nach und nach deine eigene lichtvolle Wahrheit entdecken kannst und zu leben beginnst.

Heiterkeit ist ansteckend, sie bringt einen zum Jauchzen vor lauter Freude, und ab und zu treibt sie uns auch Tränen in die Augen – vor lauter Lachen. Heitere Menschen beherrschen die Kunst, die Komik einer Situation zu erkennen.

Heiterkeit und Fröhlichkeit bedeuten ein Stück Freiheit, über den Dingen zu stehen, und sie setzen eine enorme Kraft zur Meisterung des Alltags frei.

Heiterkeit schenkt dir mehr Energie und eine kraftvollere Ausstrahlung; sie hilft, Dinge mit Leichtigkeit zu erledigen, mit einem Lied auf den Lippen.

- Was lässt dich jauchzen vor Freude?
- Wen wirst du mit deiner Heiterkeit anstecken?
- Wie wird dies dein Leben vollkommen verändern?

Der Engel der Gemeinschaft

Gemeinschaft bedeutet, sich zugehörig zu fühlen und das Leben mit anderen zu teilen.

Wir alle brauchen die Gemeinschaft – in der Familie, im Beruf, in der Freizeit, einfach in unserem gesamten Umfeld. Wir sehnen uns nach Nähe und Wärme, nach einer liebevollen Umarmung und einem aufmunternden Lächeln. Wie die Koralle im Meer, deren Leben von einer Struktur abhängt, in der alle Elemente aufeinander aufbauen, brauchen auch wir die Zugehörigkeit zu anderen Menschen. Schließlich sind wir alle wie durch unsichtbare Fäden miteinander verbunden.

Wenn wir uns in einer Runde Gleichgesinnter befinden, spüren wir eine nährende, fördernde Energie. Durch einen regen Austausch von Gedanken und Erlebnissen können wir unsere eigenen Ansichten erweitern und uns vom Wissen und der Weisheit anderer inspirieren lassen.

Gemeinschaft ist immer auch ein Spiel zwischen Nähe und Distanz.

Wenn wir uns an andere Menschen klammern oder Erwartungen an sie richten, machen wir uns von ihnen abhängig und verhindern unsere Selbständigkeit. Damit die Gemeinschaft nicht zur Enge wird, müssen wir für uns selbst und für andere immer wieder Freiraum schaffen. Oft reichen dafür ein paar Minuten, wenn wir sie ganz bewusst gestalten. Gleichzeitig geht es um die Bereitschaft, sich voll einzubringen, seine Schüchternheit und seine Selbstzweifel zu überwinden und den Mut zu haben, auf andere zuzugehen.

Der Engel der Gemeinschaft schenkt dir tiefes Selbstvertrauen und nährende Selbstliebe, sodass du auch in der Gemeinschaft deinen ganz persönlichen Weg gehen kannst.

Der Engel verhilft dir zu innerem Gleichgewicht und unterstützt dich dabei, gleichzeitig deinen eigenen Raum zu wahren und doch immer wieder beglückende Momente des Miteinanders zu erfahren.

- Wo brauchst du Freiraum, und wie nimmst du ihn dir?
- Wie viel Gemeinschaft willst du erleben?
- Zu wem fühlst du dich zugehörig, und wie gestaltest du deine Zugehörigkeit?

Der Engel der Vergebung

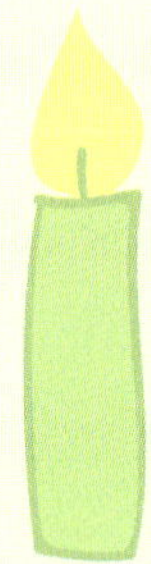

Vergebung und Verzeihung befreien dich von Kränkungen und heilen deine Wunden.

Vergeben ist nicht einfach, außerdem klingt es ein bisschen nach nachgeben, sich alles gefallen lassen.
Wir halten oft an negativen Gedanken und Emotionen fest, weil wir glauben, jemandem nicht verzeihen zu können, was er oder sie uns angetan hat. Doch wir vergiften uns damit nur selbst, und das vielleicht für lange Zeit.

Durch Gefühle wie Wut, Enttäuschung und Verletzung blockieren wir unsere Energie, wir verlieren Kraft und koppeln uns an andere Menschen.

Vergebung ist ein wichtiger Schlüssel zum Glück. Sie macht uns frei und sorgt dafür, dass wir Geschehenem nicht die Macht überlassen.

Dafür müssen wir uns den Kummer zuerst bewusst machen und ihn zulassen, auch wenn dies vielleicht noch wehtut. Dann kann sich der Schmerz verwandeln - wie bei der Auster, aus deren Sandkorn im Inneren eine wunderschöne Perle entsteht.

Wir können uns selbst vergeben, die Bitterkeit loslassen und schauen, was uns die Situation gelehrt hat. Vergebung geschieht, wenn wir versuchen, den anderen zu verstehen, die Situation durch seine Augen betrachten und bestrebt sind, die Motivation hinter seinen Handlungen zu begreifen. Wir können erkennen, dass alle Menschen Fehler machen und Schwächen haben, genau wie wir selbst auch.

Der Engel der Vergebung verleiht dir den Mut und die Bereitschaft, dein Herz zu öffnen und dir und anderen ganz zu verzeihen.

Er schickt dir für diesen schwierigen Prozess die Energie der Liebe, andere und dich selbst freizugeben und dadurch wieder in deine eigene Kraft zu finden.

- Welche alten Wunden in dir wollen durch Vergebung geheilt werden?
- Wem willst du aus ganzem Herzen vergeben?
- Was wirst du dir selbst vergeben und verzeihen?

Der Engel der Ausdauer

Auch mit kleinen Schritten können wir unsere Ziele erreichen.

Wann immer wir etwas tun, was unser Herz berührt, entfesseln wir ungeahnte innere Kräfte. Dann ist es uns egal, ob wir bis spät in die Nacht arbeiten – wie ein Kind sind wir voller Präsenz in unserem Tun. Es fällt uns leicht, an einem Thema oder Projekt dranzubleiben, auch wenn es knifflig ist. Wir sind fasziniert und denken gar nicht ans Aufgeben, weil wir im Innersten überzeugt sind, dass wir unser Ziel erreichen.

Manchmal werden wir geprüft, wie ernst es uns mit unserem Vorhaben ist. Es gibt Zeiten, in denen wir meinen, nicht voranzukommen. Oder verschiedene Hindernisse liegen wie dicke Steine auf unserem Weg. Dann geht es darum, durchzuhalten. Wenn wir etwas wirklich wollen, ruft dies eine intensive Sehnsucht und eine kraftvolle Leidenschaft in uns hervor, die erfüllt werden wollen.

Der Engel der Ausdauer zeigt dir, dass es sich lohnt, dranzubleiben, wenn dich deine Absicht dabei unterstützt, mehr Glück und Wohlbefinden zu erleben. Er hilft dir, deine zahlreichen Möglichkeiten und Fähigkeiten zu entfalten, sodass du deine Ziele verwirklichen kannst.

Er gibt dir Kraft, wenn du dabei bist, aufzugeben, und schickt dir neue Einsichten und Ideen, damit sich deine Vision erfüllt. Er schenkt dir das Gefühl, dass du ein Stück über dich selbst hinauswachsen kannst.

- Was braucht zurzeit deine kraftvolle Ausdauer?
- Was wird sich ändern wenn du wirklich dranbleibst?
- Welche neue Kraft wird dann in dir wachsen und erblühen?

Der Engel
der Leidenschaft

Die Leidenschaft schürt unseren Abenteuergeist und das Feuer in uns.

Leidenschaft ist nicht nur das Begehren eines anderen, sondern unsere natürliche Antriebskraft, das Urfeuer aller Schöpferkraft. Sie ist pure Neugierde auf das Leben, der Wunsch, es immer wieder in neuen Facetten zu kosten. Wenn wir das Leben in seiner ganzen Kraft annehmen, bewirken wir eine starke Ausdehnung unseres Seins. Das kann auch Angst machen. Viele von uns haben verlernt, das innere Feuer zu leben, weil es vor allem in der Kindheit immer wieder eingedämmt wurde.

Wir sind aufgefordert, uns jeden Tag neu zu entscheiden: Wie will ich leben? Will ich lieber angepasst sein oder kraftvoll und authentisch? Trete ich mit Leidenschaft für ein Projekt oder eine Meinung ein, weil es mir ein Anliegen ist? Habe ich den Mut, für etwas einzustehen, mit Herzblut und trotz des Windes, der mir manchmal entgegenbläst?

Wenn wir uns ganz auf eine Sache einlassen, mit Leidenschaft und Begeisterung, dann verspricht jede Unternehmung ein Erfolg zu werden. Dann können wir auch voll und ganz zu uns stehen und zu dem, was uns wichtig ist.

Lebendig sein heißt, immer wieder neue Dinge auszuprobieren, den Abenteuergeist in sich zu schüren, damit man das Leben bis in die Zehenspitzen spürt.

Der Engel der Leidenschaft beflügelt deine Fantasie und macht dir Mut, deine volle Größe zu leben und deinem Leben eine einzigartige Form zu verleihen.

- Wie intensiv lebst du deine Lebendigkeit?
- Was in deinem Leben verdient deine volle Leidenschaft?
- Was machst du mit deinem neuen Abenteuergeist?

Der Engel des Vertrauens

Lass dich ganz auf den Fluss und die Bewegung des Lebens ein.

Vertrauen ist mehr als die Substanz der Dinge, die wir uns erhoffen. Es ist ein tiefes inneres Wissen, dass Träume wahr werden können, dass etwas gelingt. Es ist der unerschütterliche Glaube an uns selbst, an andere Menschen und an eine höhere Weisheit.

Manchmal geht es in unserem Leben sehr turbulent zu. Wir geraten in Situationen, die uns herausfordern und in denen wir nicht wissen, wie es weitergeht. Oft erkennen wir erst rückblickend, dass diese Situationen sehr wertvoll für uns waren, weil wir daraus gelernt haben und daran innerlich gewachsen sind.

Wir sind immer wieder aufgerufen, unsere Ängste und Unsicherheiten lozulassen, uns dem Dasein zu öffnen, mit dem Fluss des Lebens zu fließen, von Augenblick zu Augenblick.

Wir können eine klare Vision entwerfen, wie sich unser Leben entwickeln soll. Das Gesetz der Anziehung besagt, dass wir das in unser Leben ziehen, was wir durch unsere Gedanken und Gefühle aussenden. Wenn wir also an unserem unerschütterlichen Glauben festhalten und dem Schatten des Zweifels keinen Raum geben, dann wird alles möglich. Liebe und Vertrauen sind die schöpferischen Kräfte, die uns helfen, unsere Wünsche zu erfüllen, sofern sie dem Wohle aller Beteiligten dienen.

Der Engel des Vertrauens schenkt dir die Freiheit, dein Leben zu wagen.

Er ermutigt dich, auf deine eigenen Stärken zu bauen und mit Liebe und Begeisterung deinen Weg zu gehen.

Der Engel lässt dich eintauchen in das Meer der Möglichkeiten und bringt dir die Zuversicht, dass alles gut wird. Er gibt dir ein Gefühl der Geborgenheit, das Wissen, dass du eingebunden bist in ein großes Ganzes und nie im Stich gelassen wirst.

- Bei welchem Anliegen brauchst du jetzt bedingungsloses Vertrauen?
- Was wird mit deinem unerschütterlichen Glauben möglich?
- Wem willst du dein Vertrauen schenken?

Der Engel der Stille

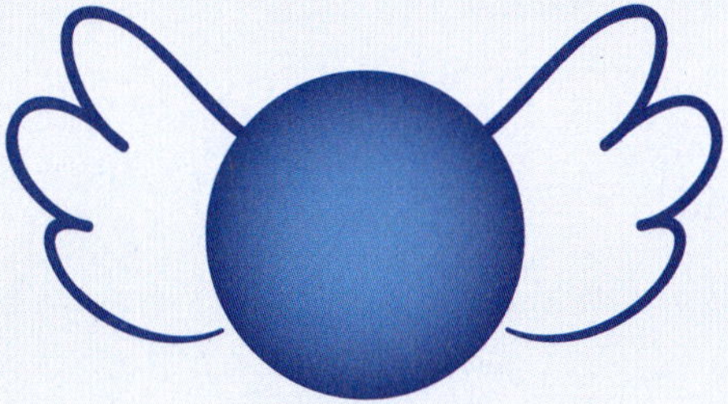

Stille ist in unserem Alltag eine viel zu selten gewordene Kostbarkeit.

Stille müssen wir nicht erzeugen, sondern nur zulassen, uns auf sie einlassen. In unserem meist sehr lärmdurchdrungenen Alltag müssen wir sie allerdings bewusst suchen. Für unseren aktiven Verstand stellt das oft eine Herausforderung dar.

Wenn wir uns in die innere Einkehr begeben und unsere Gedanken beruhigen, tritt die Stille in uns ein, wie ein sanfter See, dessen Oberfläche nach einem Sturm oder Gewitter wieder spiegelglatt wird.
Die heilende Atmosphäre der Stille lässt uns wohltuende Entspannung finden. An dem inneren Ort der

Ruhe und des Nichtstuns können wir aufatmen und auftanken. Erst aus dieser Gelassenheit heraus entwickeln wir wieder neue Ideen, um unserer Kreativität Ausdruck zu verleihen.

Manchmal wirkt Stille wie ein heiliger Raum, wie eine Kathedrale, wo die Ruhe mit den Händen greifbar wird und wir den Kontakt zu unserer Seele spüren.

Stille ist wie ein Gebet, wie eine tiefe Meditation, ein Rückzug ins Wesentliche.

In der Stille können wir auch unser Herz beruhigen, wenn es aufgeregt ist. Alles in und um uns herum bekommt dann eine neue Klarheit, wird wie rein gewaschen. Wir erkennen und erfahren uns auf einer neuen Ebene und finden frische Energie.

Der Engel der Stille führt dich zu deinem inneren Raum der Stille, der unberührt bleibt von allen Problemen und aller Hektik. Er hilft dir, dein inneres Gleichgewicht wiederzuentdecken, sodass du dann frisch gestärkt deine volle Schöpferkraft einsetzen kannst.

- Wofür willst du dir bewusst Raum für Stille schaffen?
- Was wirst du tun, um mehr Stille zu erfahren?
- Was wird dann endlich möglich in deinem Leben?

Der Engel der Freundschaft

Die Basis von Freundschaft ist eine Liebe, die keine Bedingungen stellt.

Freunde sind Menschen, bei denen wir uns zeigen können, wie wir sind, mit all unseren Stärken und Schwächen, und ohne Angst, abgelehnt oder nicht geliebt zu werden. Wir können ihnen vertrauen, uns auf sie verlassen, und sie sind wichtige und wertvolle Begleiter auf unseren vielfältigen Wandlungswegen.

Freundschaft kann nur dann gedeihen, wenn sie von beiden Seiten eingebracht wird – ein Geben und Nehmen – und wenn sie von Herzen kommt. Es ist ein gegenseitiges Mitfühlen und Einfühlen in die Bedürfnisse des anderen, ein Sich-Öffnen und ein Aneinander-Wachsen. Gemeinsame Erlebnisse, ähnliche Interessen und der Austausch von verschiedenen Sichtweisen und Meinungen weben ein enges Band der Vertrautheit.

Freundschaft ist immer ein Geschenk, für das wir aus ganzem Herzen dankbar sein dürfen und das auch immer wieder unsere Aufmerksamkeit braucht.

Mit einem echten Freund verbindet uns Liebe und Zuneigung, ein tiefes Verstehen auf der Herzensebene und innige Anteilnahme an unseren gegenseitigen Träumen und Visionen.

Bitte den Engel der Freundschaft, dir einen Freund zu schicken, wenn du eine Schulter brauchst, an der du dich ausweinen kannst, oder jemanden, der dir bei einem wichtigen Vorhaben Mut macht und den Rücken stärkt.

**Bitte um einen Freund, mit dem du ausgelassene Freude und tanzende Leichtigkeit teilen kannst.
Mögen gegenseitige Liebe und Zuneigung eure Herzen erwärmen.**

- Welchen Freunden möchtest du wieder mehr Aufmerksamkeit schenken?
- Was schätzt du an deinen Freunden ganz besonders?
- Wie zeigst du ihnen das, und wie lässt du sie das spüren?

Der Engel der Toleranz

Ohne Toleranz gibt es keinen Frieden – weder äußeren noch inneren.

Tolerant zu sein bedeutet, sich selbst und andere Menschen so anzunehmen, wie sie sind. Tolerant zu sein heißt aber nicht, sich alles gefallen zu lassen, sich klein zu machen oder alles gut zu finden, was andere tun oder sagen.

Wer aufhört, zu vergleichen und zu bewerten, kann die Einzigartigkeit jedes Individuums erkennen. Er blickt hinter die Maske des anderen, lässt zu, dass jeder seine eigene Melodie erklingen lässt, und freut sich darauf, den anderen in seinem wahren Wesen zu entdecken.

Wenn wir erkennen, dass wir im Grunde alle eins sind, dass jeder von uns sich nichts anderes wünscht, als geliebt und anerkannt zu werden, dann wird ein tolerantes Miteinander möglich.

Wir können uns aus dem Korsett unserer eigenen Geschichte und Sichtweise herausbewegen, neue Standpunkte und Perspektiven kennenlernen und so das eigene Wissen und Verständnis erweitern und vergrößern.

Wenn wir anderen Menschen mit Freimut und Großzügigkeit begegnen, können wir uns gegenseitig befruchten, sodass neue kreative Ideen entstehen und wir mehr werden, als wir je waren.

Der Engel der Toleranz schenkt dir die innere Bereitschaft und Offenheit, deine eigenen Einstellungen zu überdenken und dich von neuen Aspekten inspirieren zu lassen.

Der Engel öffnet dein Herz, sodass du anderen Menschen und Kulturen mit aufrichtigem Interesse begegnen und dich selbst dadurch neu kennenlernen kannst.

- Wem gegenüber willst du mehr Toleranz zeigen?
- In welchen Situationen ist eine neue Toleranz für dich wichtig?
- Wie wird das dein Leben entscheidend beeinflussen?

Der Engel der Gastfreundschaft

Gastfreundschaft ist eine Möglichkeit, sich gegenseitig etwas zu schenken.

Wenn wir einen Gast empfangen, kann das für jeden eine Quelle der Herzlichkeit, Annahme und Aufmerksamkeit sein. Egal ob wir jemanden bereits länger kennen oder neu kennenlernen: Wenn wir ihn mit offenen Armen willkommen heißen, vermag sich ein besonderer Raum zu öffnen, in dem wir einander wirklich begegnen. Eine Einladung ist eine wunderbare Gelegenheit, die üppigen Gaben und herrlichen Kostbarkeiten dieser Erde miteinander zu teilen. Allein das liebevolle Zubereiten der Speisen und eine farbenprächtige Dekoration sind eine großartige Einstimmung auf ein Zusammensein voll Freude und Leichtigkeit.

Gemeinsames Feiern und bewusstes Zelebrieren solcher Stunden kann zu einem wundervollen Ritual gegenseitiger Wertschätzung werden und uns tiefe Freude und Dankbarkeit empfinden lassen.

Wir können einen Gast betrachten wie einen Reisenden, an dessen Abenteuern wir teilhaben durch seine vielfältigen und spannenden Erzählungen.

Wenn wir unserem Gast mit kindlicher Neugierde lauschen, erleben wir die Welt vielleicht ganz neu durch seine Augen, durch seine Sinne. So werden wir durch neue Impulse und frische Ideen beflügelt und verspüren vielleicht selbst Lust auf neue Abenteuer.

Auch wenn wir eingeladen werden, können wir mit anderen teilen, was uns bewegt. Wir können von unseren Wünschen und Visionen erzählen, von dem, was uns tiefe Freude bereitet.

Bitte den Engel der Gastfreundschaft, dir viele Menschen ins Haus zu schicken, mit denen du lachen und weinen kannst und in deren Gegenwart du deine volle Lebendigkeit spürst.

- Wen möchtest du zurzeit mit deiner liebevollen Gastfreundschaft verwöhnen?
- Wessen Geschichten wirst du mit großer Neugierde zuhören?
- Wie sehr wird das deinen Alltag bereichern und dich inspirieren?

Der Engel der Dunkelheit

Die Suche nach Wahrheit und Weisheit führt manchmal über die dunklen Seiten des Lebens zur Selbstentfaltung.

Die Zeit der Wintersonnenwende ist die dunkelste Zeit des Jahres. Manchmal ist dann alles ruhig und heimelig, ein anderes Mal vielleicht eher bedrohlich. Alles Leben in der Natur zieht sich in die untersten Schichten der Erde zurück. An dieser Stelle im Jahreskreis endet das Leben in der Natur und beginnt zugleich wieder von vorn. Mitten in der tiefsten Dunkelheit und Kälte, aus dem Schoß der Greisin des Winters, wird ein neues Licht, ein neues Leben geboren und wächst allmählich heran.

Manchmal überkommt auch uns eine Dunkelheit, und wir wissen nicht, wie es weitergehen soll. Wir haben Angst, unserer dunklen Seite zu begegnen. Und doch können wir diese Zeit des Rückzugs nutzen und uns mit dem Sinn unseres Lebens beschäftigen. Dann hüllt uns die Dunkelheit ein wie ein warmer, schützender Mantel voll weicher Geborgenheit. Wir kommen in Berührung mit unseren elementarsten Bedürfnissen, außerdem mit unserer Intuition und Spiritualität.

Es geht in dieser Zeit der tiefsten Dunkelheit darum, in der fast ersterbenden Glut einen Funken zu entfachen, um damit das innere Feuer der Hoffnung zu neuem Leben zu erwecken.

In Zeiten von Kälte und Mangel können wir Ausdauer und Zähigkeit üben und unsere Überlebenskräfte mobilisieren – wie die Natur. Wir entdecken dadurch die heilsame, kraftvolle Energie im dunklen Nährboden.

Möge der Engel der Dunkelheit dich durch dein inneres Dunkel begleiten. Möge er dich wärmen und dir die nächsten Schritte zeigen, die dich auf deinem Weg voranbringen zu viel Licht und Liebe.

- Welche dunkle Seite in dir willst du jetzt liebevoll annehmen?
- Gibt es etwas, was dir nicht mehr dient, was du loslassen willst?
- Wen möchtest du in seiner Dunkelheit wärmen und erhellen?

Der Engel des Lichts

Wo Dunkelheit ist, ist auch viel Licht – Licht bedeutet Leben, Gesundheit und Hoffnung.

Wir leben in der Polarität, wo Licht und Dunkelheit zusammengehören. In sich selbst das Licht des Lebens zu sehen bedeutet, sich bewusst von der Dunkelheit zu entfernen und sich dem Hellen, Reinen, Klaren zuzuwenden.

Das Licht im Leben stärkt die eigene Macht, die eigene Kraft, das Leben zu gestalten und lichtvoll zum Ausdruck zu bringen. Wir können immer selbst bestimmen, wohin wir uns wenden wollen, und uns in jedem Augenblick für das Licht entscheiden.

Es liegt ganz an dir, dein Licht scheinen zu lassen. Ob du es wahrnimmst oder nicht: Das Licht ist in dir, daran wird sich nie etwas ändern! Du bist ein Wesen, aus Licht und Liebe geboren, um dieses Licht in dir selber zu erkennen und es an andere weiterzuschenken – und sei es mit einem Lächeln. Du kannst in jedem Moment deine wahre Größe und dein wahres Licht leben!

Im Licht können wir innerlich wachsen – wie eine wunderschöne und zart duftende Blume –, unsere Seele entfalten und äußerlich gedeihen.

Ganz im Sinne des Gedichtes „Rückkehr zur Liebe" von Marianne Williamson:

Unsere tiefste Angst ist nicht,
dass wir unzulänglich sind.
Unsere tiefste Angst ist,
dass wir unermesslich machtvoll sind.
Es ist unser Licht, das wir fürchten,
nicht unsere Dunkelheit.

Der Engel des Lichts unterstützt dich dabei, deine Ängste vor deiner inneren Macht und wahren Größe zu überwinden, er inspiriert dich, dein eigenes Licht zu zeigen. Möge er dich im wahrsten Sinne erleuchten, damit du zum Licht für andere werden kannst.

- Wann wirst du damit beginnen, dein Licht strahlen zu lassen?
- Welches ist dein größtes Licht für diese Welt?
- Was alles wird sich durch dein Leuchten verändern?

Der Engel des Friedens

Frieden beginnt in den kleinen Dingen des Alltags und reicht bis in die große weite Welt.

Wie schön wäre es, wenn wir überall auf unserer wundervollen Erde Frieden hätten! ... wenn wir einsähen, dass alle Menschen das gleiche Recht haben, hier zu sein ... wenn wir aufhörten, uns selbst als etwas Besseres zu betrachten als unseren Nächsten ... wenn wir endlich erkennen könnten, dass für alle genug da ist, dass wir keinen Mangel empfinden müssen.

Frieden ist nicht einfach da. Es braucht immer die innere Bereitschaft, auf jemanden zuzugehen, auch einmal als Erste die Hand zur Versöhnung zu reichen. Frieden kann nur dann entstehen, wenn wir miteinander reden, wenn wir einander wirklich zuhören und alle Beteiligten zu Wort kommen, ihre Bedürfnisse äußern können. Gegenseitige Wertschätzung und Respekt sind die Basis, auf der die Blume des Friedens wachsen und gedeihen kann.

Damit Frieden möglich wird, müssen wir zuerst in uns selbst Frieden schaffen.

Oft fühlen wir uns innerlich zerrissen, wir bekämpfen unsere eigenen Gefühle wie Angst, Wut oder Trauer, verdrängen und verleugnen sie. Aber Gefühle lassen sich auf Dauer nicht ignorieren, sie zeigen uns unsere Bedürfnisse, die ernst genommen werden wollen. Mit sich selbst ins Reine zu kommen macht frei und bringt Leichtigkeit. Blockierte Energie beginnt wieder zu fließen, und unsere volle Kraft steht uns zur Verfügung.

Der Engel des Friedens gibt dir die innere Stärke, dich für den Frieden einzusetzen – in dir selbst, in anderen und auf der ganzen Erde.

Frieden beginnt mit jedem Atemzug, der deine Lungen durchströmt. Nur du selbst kannst immer wieder Frieden schaffen und erhalten. Dann kann ein Raum der Liebe und Freiheit entstehen, in dem du mit dir und der Welt im Einklang bist.

- Wem möchtest du jetzt die Hand zur Versöhnung reichen?
- Wie werden sich dein innerer Frieden und deine Zu-Frieden-Heit für dich anfühlen?
- Wie wird sich die Welt verändern, wenn du deinen Frieden hinausstrahlen lässt?

Der Engel der Liebe

Liebe ist die wahre Schöpferkraft des Lebens, alles wird aus ihr geboren.

Alles in unserem Leben dreht sich um die Liebe. Liebe ist mehr als ein Gefühl, sie ist ein Seins-Zustand, sie ist pure schöpferische Energie ohne Anfang und Ende. Sie ist Ewigkeit und Unendlichkeit, sie ist die Grundessenz des Lebens. Und nur aus und mit ihr kann der Mensch leben und sich aktiv entfalten. Liebe ist unabhängig von anderen, sie ist einfach immer da.

Wir alle sehnen uns nach Liebe und haben doch nur vergessen, dass wir selbst die Liebe sind! Alles im Universum ist aus der Liebe geboren – sei das ein

Sonnenuntergang, ein duftender Rosenstrauch oder ein geliebter Mensch. Denn ob du es glaubst oder nicht, du bist ganz von Liebe durchdrungen, und du kannst sie in dir und in allem, was ist, jederzeit entdecken.

Wenn dich die wahre Liebe berührt, öffnet sie dein Herz, als ob lange geschlossene Fensterflügel kraftvoll aufgestoßen würden, um die Sonne und das Licht des Lebens in die tiefsten Bereiche deines Seins zu lassen. Unendliche Glückseligkeit durchflutet dann deinen Geist, und mit jeder Faser deines Körpers spürst du die pure Lebendigkeit in dir pulsieren.

Im Glauben an die Liebe als Quelle allen Lebens, als die Liebe Gottes oder des Universums, wirst du selbst zur Liebe, denn Liebe ist unsere Seelenenergie.

Möge der Engel der Liebe dein Herz öffnen und dich mit seiner Liebe einhüllen, damit du deine Einzigartigkeit erkennst. So lernst du, dich selbst zu lieben, ganz bedingungslos. Dann kann diese Liebe auch in die Welt hinausstrahlen und andere berühren.

Liebe ist alles – und ohne sie ist alles nichts. Liebe das Leben, und das Leben liebt dich!

- Bist du bereit, dein Herz zu öffnen und die Liebe einzulassen?
- Was wird sich in deinem Leben alles verändern, wenn du dich selbst bedingungslos liebst?
- Wie wirst du andere mit deiner Liebe berühren?